SERPÊHATIYÊN KULIYEKE BERFÊ

Samed BEHRENGÎ

WAN - 2013

SERPÊHATIYÊN KULIYEKE BERFÊ

Nivîskar
Samed BEHRENGÎ

Lêhêner
Nezîr OCEK

WAN - 2013

Weşanên SÎTAV 10
Rêza Çîrokan 9

Nivîskar
Samed BEHRENGÎ

Lêhêner
Nezîr OCEK

Edîtor
Qahir BATEYÎ

Rûpelsazî û Berg
Îkram ÎŞLER

Wêne
Wedat Akpolat

isbn
978-605-64028-4-5

Çapa yekem
Gulan 2013

Çapxane
Berdan Matbaası
Davutpaşa Cad. Güven San. Sit. C BlokNo: 230
Topkapı/ İST. Tel: 0212 613 12 11

Navnîşan
Hastane 2. Cad. M. Nur Arvas İş Merkezi No: 4 VAN
Tel: 0432 216 73 07
wesanensitav@hotmail.com

Ev pirtûk ji aliyê
psîkolog û pedagogê zarokan ve
hatiye pejirandin.

Hemû mafên vê pirtûkê yên kurdî yên Weşanxaneya SÎTAV ê ne. Ji bilî danasînê bêyî destûra weşanxaneyê bi tu awayî nayê zêdekirin.

SAMED BEHRENGÎ

Samed Behrengî di sala 1939`an de li Azerbaycana Îranê li bajarê Tebrêzê hatiye dinê. Wî li bajarê Tebrêzê dibistana mamostetiyê qedandiye. Ew gav bi gav li çoltera Azerbeycanê geriyaye. Dema ku wî li gundan mamostetî dikir, wî li ser pirsgirêkên gundiyan jî lêkolîn dikir.

Wî bêwestan di bin serweriya Îranê ya di wê heyama zordarî û tarî de têkoşîna xwe ya şoreşkerî bi berhemên xwe yên naveroka wan civakî domandiye. Ew nêzîkê dused salan bû ku çand û aboriya civakî ya azeriyan di bin mêtîngeriya îraniyan de bû, xebata wî ya bêhempa ji bo azadiya zimanê azeriyan hêviyek çêkiribû. Çendî ku wî zimanê azerî pir baş bikartanî jî lê belê ji bo ku ew dengê xwe bigihîne girseyeke mezin, wî bi zimanê farisî berhemên xwe nivîsîne. Wî di bin berpirsyariyeke baldar de bêyî ku ew rêgez û pîvanên feraseta felsefeya dayalektîk a ku riya rast nîşanê wî daye ji bîr bike wî karê xwe domandiye...

Piştre, tiştê ku em qet ne li bendê bûn tê serê wî. Ew di Çemê Arasê de bi awayekî mirî tê dîtin. Lê hatiye pejirandin ku wan kesên ew ji hêla ramanên wî ve nas kirine ew kuştine.

Gora wî li Tebrêzê ye. Li ser kevirê gora wî nivîsa 31 Tîrmeh 1968 heye.

SERPÊHATIYÊN KULIYEKE BERFÊ

Min bi şibakê re li barîna berfê temaşe dikir. Kuliyên berfê li hewa dizivirîn û dizivirîn diketin erdê. Berfê li ser têla elektirîkê, benê kincan, dîwar, banê xaniyan û hemû aliyên baxçeyî girtibû.
Ez pê hesiyam ku kuliyeke mezin a berfê li jor hêdî hêdî xwe ber dide û tê. Min destê xwe li bin wê kuliya berfê girt.
Wê rengekî mîna nexşê çîna tenik û têkûz hebû. Ku lê dinihêrî wisa ketibû nava nîgaşê.
Min got:
"Xwezî zimanê vê kuliya bedew a berfê hebûya û wê xwe ji min re vegotiba."
Di wê kêlîkê de tiştekî kumirov şaş dike qewimî. Ji cihekî ku min nas nekirî dengek dihat. Min li rast û çepê xwe nihêrî; ji bilî min kesekî din di jûrê de tune bû.
Piştre, min ferq kir ku ew kuliya berfê ya di destê min de neheliyaye:
"Hê, ya ku diaxive ez im, ez. Ez kuliya berfê ya di lepê te de me."
Ew bûyera şîrîn a ku min hizir kir di yek kêlîkê de bibû rastî. Şaşbûn û dilşahiya min têkilê hev bibûn.
Kuliya berfê ya biçûk gelek xweşik bû. Min didît ku ew digirnijî.
"Ez ê peydabûn û veguherîna xwe ka çawa çê-

bûye ji te re vebêjim."
"Ez ê bi vê pir kêfxweş bibim kuliya berfa bedew. Di gel sermayê jî spîtatî û rewneqtiya te hundirê min germ dike. Ku tu dikevî erdê tu çi hîs dikî. Gelo helîn te ditirsîne, ka van ji min re vebêje."
Kuliya berfê bi dengê xwe yê mîna xwe nerm dest bi vegotina serpêhatiya xwe ji min re kir:
"Ez pêşiya niha çend mehan dilopek av bûm. Ez di deryaçeya Hezarê de bûm. Ez digel gelek dilopên mîna xwe, ku ji piraniyê nedihatin hejmartin diherikîm, digeriyam û min rojên xwe bi kêfî diborandin. Rojekê ji rojên havînê, min li ser rûyê deryaçeyê dileyîst û ez ji pêlekê derbasî pêleke din dibûm.
Havîn bû taveke pir germ û sotîner hebû. Çiqasî ku germahiyê xwe di hundirê min de berdida, ez ji ezîtiya xwe derdiketim. Ez dibûm hilm. Min lê nihêrî ku bi hezaran dilop mîna min bibûn hilm. Em di vê rewşa xwe ya nû de wisa sivik bibûn û cihê ku em lê sekinîbûn em jixweber bilind dibûn.
Paşê, bawerziyekî sivik em dane ber xwe û em ber bi jor ve kişkişandin. Em wisa bilind bûn ku êdî me tiştek li ser rûyê erdê nedidît.
Ji her hêlê ve gutilên hilmê dihatin û tevlê gutilên me dibûn. Hin caran jî em diçûn tevlî gutilên ji gutilên me mezintir dibûn û em bi hev ve dikelijîn û direpisîn.
Em boş û mezin dibûn, em diçûn û bilind dibûn. Em bi hev ve dikelijîn û dişidiyan.

Me hin caran pêşiya rojê dibirî û em li ber tîrêjên wê dibûn asteng, me hin caran jî li pêşiya heyv û stêrkan dipeçinî û tarîtiya şevê bêhtir tarî dikir. Yanî em di rewşa gutilên mezin de ewrên baranê yên bireş û tarî bûn.

Hin caran jî bager dihat û dikete nava me em bi awayekî sosret ker ker dikirin. Dema ku em ji rûyê erdê gelek hatin dûrxistin û kişkişandin, min hizrê rewşa xwe ya ku ez di deryayê de dilop bûm kir.

Min li esmanî dinihêrî û min dîmenên ewrî ji teşeyekê dixiste teşeyeke din. Min hin ji wan dişibandin hespan û keran, hin ji wan jî dişibandin mirovan. Min dixwest ku bi pêleke mezin bi yek hilpekînê min derîne ser ewrên ber esmanî û min xwest bi wan re bileyîzim.

Dema ku min li bin xwe li jêrî dinêriya min dixwest li ser wan ewrên ku mîna gumtilên pembû dixuyan binivim. Lê çi ji wan mîna hizirbûna min nebûn. Ew rindîtiya rengîn û nerm a ku min di bin xwe de didît û temaşe lê dikir me bi xwe peyda dikir.

Çi mixabin dema ku ev qasî bilind li rûyê erdê dihate nihêrîn rûyê erdê nedihat dîtin.

Em di rewşa ewrîn de dihatin kişkişandin. Min dixwest kêliyekê ji ya din zûtir ez bibim baran û vegerim ser rewşa xwe ya berê. Min nedixwest ku bahozek min bikişkişîne, min dixwest ku ez li ser pêlên deryayê bigerim û bireqisim.

Vê rewşê çend rojan wiha domand. Em hatin rewşeke nîv av û nîv hilm. Erê, mîna ku min xwest

em dibûn baran. Ez ji kêfan di hundirê xwe de bi cî nedibûm. Ji nişka ve hewa wisa sar bû, em ji serman lerizîn. Hindî ku em dilerizîn em ji hev qut dibûn.
Yekî ji hevalan got:
'Ka birame, dema ku em li ser rûyê erdê çi li zivistana wê dihat? Bêguman dibe ku li hin cihan hewa germ be, lê li vir... Of pir sar e! Tê fêmkirin ku ev sermaya zexteker dê li hember me bibe asteng û ew dê nehêle ku em bibin baran. Yanî dibe ku em bibin berf...
Hevalê min dengê xwe birî axiftina xwe berdewam nekir. Ew ji serman qerisîbû û bibû kuliyek berfê. Û ew hêdî hêdî li hewa dizivirî dizivirî dadiket ser rûyê erdê. Em yek bi yek ji hev û din vediqetiyan, dibûn kuliyên berfê û dadiketin ser rûyê erdê. Dema ku ez dilop bûm ez ji niha girantir bûm. Lê niha ez xwe mîna mû sivik hîs dikim. Û dirûvekî min ê rind heye... Êdî ez sermayê jî hîs nakim.
Lewre serma ew tişta ku min ew bi xwe afirandiye. Ez bi jorî ber bi jêrî ve dadiwerivîm.
Dema min erd bi awayekî vekirî dît û min her tişt ji hev cuda kir min zanî ku ez dadikevim bajarê Tebrêzê. Ez ji wî cihê ku di serî de jê hatibûm pir dûr ketibûm.
Tam di bin min de, zarokekî di destê wî de şivdarek hebû. Wî bi wî şivdarê di destê xwe de li seyekî jar dixist.
Seyê belengaz li cihê ku wî leq bike nalenala wî

bû di destê wî de. Min nedixwest ku ez bikevim wî cihê ku ev zarokê xwedî hestên hov û bêmerhemet lê bû. Dilê min nerazî bû ku ew pê li min bike.
Bi axiftina min re bahozek hat û ez ji wir dûr kirim. Vê ez pir bextewar kirim. Dema ku ez di deryaçeyê de bûm ez wisa nebûm.
Dema ku ez ji mirovan dûr bûm û hêj min ew ne nasîbûn min der barê wan de tiştên baş hizir dikirin. Lê çi mixabin qasî ku xemgînî pê çêbe ew bêmerhemet bûn. Dema ku min ji bo mirovan wiha bi reşbînî hizir dikir, min dît destekî mîna destê dostan bi bal min ve hat dirêjkirin. Dema min destên te dîtîn, min xwe bi pîvan berda nava lepên te.
Min dixwest ku mirovan ji nêz ve nas bikim.
Ez jî ji te dixwazim ku ji min re mirovan bidî nas kirin. Lewre…"
Kuliya berfê nekarî gotinên xwe zêde bidomîne. Ew dîsa veguhezî ser heyîna xwe ya berê.
Min jî bi germahiya destên xwe jê re cudatiya di navbera kesayetiya mirovan de vegotibû. Wê fêm kiribû ku mirov xwedî nihêrînên baş û têr evîn in.

PÎREJIN Û ÇÛÇIKA ZÊRÎN

Ji bo pîrejin bikare xwereka xwe ya rojane derxîne lûfikên ku bi destê xwe vehûnandibûn û dirûtibûn ji bo firotinê dibir ber deriyê serşoyê.
Dapîrê Çûçikeke Zêrîn hebû. Dema ku ew ji malê derketa wê ew dixist kolikê.
Çûçika Zêrîn, yekane giyanewer bû ku jiyana pîrejinê sipehî dikir û dilşayiya jiyanê dida wê.
Dema ku pîrejin ne li malê ba, Çûçika Zêrîn di nava malê de dapîrok, mîro û çi bihokên ku peyda bikirana digirtin û dikirin nêçîra xwe. Tenê ne di kolikê de, ji derveyê kolikê jî kêm bihok ji ber çûçikê rizgar dibûn. Çûçika Zêrîn nêçîrvaneke dijwar bû.
Ew mîroyên lingdirêj ên ku dikarin bi lez birevin ji ber wê rizgar nedibûn. Nêçîra ku herî zêde Çûçika Zêrîn jê hez dikir mîro bûn.
Wê li cihê giya û êmî goşt dixwar. Ew ji pisîk û seyan jî neditirsiya. Ew neditirsiya ku dê bibe xwereka wan.
Di baxçeyî de dareke gûzê ya mezin, ku serê wê digihîşt ber esmanî hebû. Di demsala gûzan de sifreya Çûçika Zêrîn dewlemend dibû. Di wê demê de ji kêfa wê re gotin nebû.
Wê ew gûzên ku ba diweşandin dişkandin û dixwarin.
Mîroyekê, li pişta refika piyalan hêlînek çêkirîbû. Mîro, ji ber Çûçika Zêrîn pir bi qilqal bûn.

Wan nedikarîn di nava malê de rehet bigerin. Rojekê, Çûçika Zêrîn makmîro li kêleka refê dîtibû û gef lê xwaribûn jê re gotibû tu dê herî dawî bibî xwereka min. Wê gelek neviyên mîroyan xwaribûn. Her wiha wê koka wan mîroyên zer ên biçûk ku li wan deveran cih bibûn qir kiribû. Çendî ku nîviya wan bibûn xwereka Çûçika Zêrîn jî nîviya din jî ketibûn wan tavikên dapîrokên ku li pişt peyalan hatibûn sazkirin û libek tenê jî ji tavikan rizgar nebibûn.

Şevekê, dapîrok hatibû xewna pîrejinê. Ew di xewnê de bi wê re axivîbû, gotibûyê:

"Ax pîrejina belengaz. Tu mîna çavên xwe li wê çûçikê dinihêrî lê ew li hemberî te nankoriyê dike. Bêyî ku dilê wê bi te bişewite çi tişta di dest û lepên te de heye dixwe û diqedîne."

Pîrejin:
"Dengê xwe bibire afîrendeya kirêt. Tu nikarî çûçika min a zêrîn qirêj bikî. Ew dilpak û rihsivik e, ew tu xirabiyan li min nake."

Tevnepîrkê bi ken bersiva wê da:
"Nexwe tu nizanî! Te mîna hiştirmenê serê xwe xistiye nava xîzê."

Ji ber van gotinan kurmê tirsê kete nava zikê pîrejinê."

Wê bi gumanî ji dapîrokê pirsî:
"Ka bibêje çi ye ku min nezaniye?"

Dapîrokê got:
"Ka bihêle. Çûçika Zêrîn wisa tu xapandiyî, ku tu dilê wê jî ji zêrîn dihesibînî. Ma tu guman dikî ku dilê wê jî mîna wê zêrîn e? Di ser de jî ez çi bibêjim

vala ye, lewre tu bawer nakî."
Pîrejinê di ber xwe de got, dibe ku der barê Çûçika Zêrîn de tiştekî ku min nezaniye hebe. Ew baş gumandar bû. Ew ji mereqan wisa hêrs bû hindik mabû ku biteqe.

Pîrejinê gotibû, heke ku tu bi min bidî bawerkirin, ez ê derseke wisa bidim wê ku ew mîroyên ji wê ditirsin jî bi rewşa wê bikenin.

Ji bo ku pîrejin hatibû leyîstoka dapîrokê, ew pir kêfxweş bibû.

Dapîrokê gotibû, niha baş guhdariya min bike pîrejina belengaz. Te zor û zehmeteke pir mezin dida xwe heta ku te lûfikek didûrû û ji bo ku tu wan bifiroşî tu li ber deriyê serşoyan şepirze dibûyî.

Halbûkî dema ku tu ne li malê bî çûçika te ya zêrîn a li ber dilê te hêja û yekane qadê bêxwedî dibîne û ew li binê darên gûzan garisî diçîne. Heke ku te car caran ji wan gûzan çend kîloyek bifirotina te dê bikaribûya kargêriya xwe ya çend rojan pê bikira. Lê çi dibe, çûçika te, ne ku firotin ew nahêle gûzek tenê jî di qirika te de biçe xwarê. Ma ne mixabin e?"

Di vê kêlîkê de pîrejin ji xewê veceniqî û hişyar bû. Ew pir bi hêrs bû û birûyên wê ji hêrsan qij bûn. Mîna ku dapîrokê jehr rijandibe hundirê wê. Hinekê ramiya û got, gelo dibe ku gotinên wê rast bin. Di dawiyê de biryar şopandinê da ku çûçika xwe bişopîne.

Rojekê ji mala xwe derket got, ez diçim ku lûfikan bifiroşim. Lê wê xwe li nava baxçeyî veşart û

li wir Çûçika Zêrîn şopand.
Çûçika Zêrîn çengên xwe vekirin xwe ji hev vekişand. Piştre, hêdî hêdî çû binê dara gûzê.
Wê serê xwe rakir, bang kir û got:
"Dara bedew, ka libek û du lib gûz ji min re bavêje da ku ez xwerîniya xwe bişkênim."
Dara gûzê şaxekê xwe hejand. Wê çend lib gûzên xwe yên gihayî xistin erdê.
Çawa ku Çûçika Zêrîn bezî gûzan, pîrejinê ji cihê xwe lê veşartî xwe avêt û pêşiya çûçikê birî.
"Hey tu, tu çûçika çavbirçî! Dest nede gûzên min! Nexwe ev qas gûz te dixwarin! Êdî min diza gûzên xwe dît.
Çûçika Zêrîn bi şêweyekî şaşmayî li pîrejinê nihêrî. Pîrejin bibû yeka din. Êdî ew nihêrînên bidilovanî, ew zimanê şîrîn û ew rûyê wê yê bidilnewazî tune bû. Çûçika Zêrîn ji ber şaşwaziya xwe nezanî ka dê çi ji pîrejinê re bibêje.
Pîrejinê pehînek danî çûçikê û ew ji wir dûr xist. Piştre jî wê gûzên ku ketibûn erdê kom kirin û xistin berîka xwe.
Çûçika Zêrîn ji xemgînî di halê xwe de digiriya.
Ew hinekê ponijî û got, ax dapîrka min. Ez îro te nas nakim. Heçko şeytan ketiye nava te.
Pîrejin bi hêrs bi ser de qîriya û got:
"Dengê xwe bibire. Min gelek rû da te. Careke din dest nede gûzan. Ez careke din bibînim ku tu dest bidî gûzan êdî tu dizanî ka ez ê çi bînim serê te. Êdî ez ê wan bifiroşim."

Çûçika Zêrîn, serê xwe tewand ber xwe û ji wir dûr ket. Ew çû li binê dara gûzê rûnişt. Pîrejin çû kete kolikê. Wê derî dada. Çûçika Zêrîn mabû derve.
Çûkê ji dara gûzê re got:
"Hevala dar, vê sibê taştêya min li min bû jehir. Tu dîsa dikarî mîna berê du sê lib gûz ji min re bavêjî?" Darê çiqilekê xwe yê din hejand. Çûçika Zêrîn gûzên ku ketin erdê şkandin û dest bi xwarina wan kir. Dema ku pîrejinê çûçik li binê dara gûzê dît ew bi kelebez ji kolika xwe derket û hatê:
"Ha! nexwe êdî tu bi gotina min nakî. Min ji bo vê sexera te biribû lê xuyaye ku te ji wê aqil negirtiye. Ka tu raweste heta ku ez bigihijim te û ez dizanim ka ez ê çi bînim serê te."
Wê hin hejik mejik dan hev û li wir agirek dada. Dema ku pelên hejikan baş geş û sor bûn Çûçika Zêrîn girt û pinda wê da ber agirî. Çûçika belengaz bi dilşewitî dest bi wîtîniyê kir.
Di wê kêlikê de tiştekî sosret qewimî. Dara gûzê ya ku hevala Çûçika Zêrîn bû libên gûzên xwe yên mîna keviran hişk reşandin ser serê pîrejinê. Pîrejina ku canê wê êşa çûçik ji destê xwe avêt û baz da.
Gûzên ku ji darê weşiyabûn bi rastî di cî de bûn kevir. Pîrejinê tu wate neda vê bûyera bi sosret.
Di dawiyê de pîrejinê fêm kir ku ev jê re wekî cezayekê ye.
Çûçika Zêrîn, li quncikekî baxçeyî rûnişt û serê xwe xist bin çengên xwe. Hin caran serê xwe der-

dixist li pinda xwe ya şewitî dinihêrî û digiriya.
Pîrejinê jî çavên xwe ji Çûçika Zêrîn venediguhast.
Pîrejin ji kirina xwe pir poşman bû. Ew bi wê dapîroka pîsa jehroyî xapiya bû, wê ne di ber tu tiştî de Çûçika Zêrîn ceza kiribû. Niha jî diramiya ku dilê çûçikê aş bike.
Wê rojê nêzî danê nîvro bahozek rabû. Gûzên bi darê ve hemû weşiyan.
Çendî ku zikê Çûçika Zêrîn ji birçan têşiya jî lê wê dîsa libek gûz tenê jî nexwar.
Di bahoza duyemîn de gûzên mezintir daweşiyan. Çûçika Zêrîn li wan jî nenihêrî. Lewre dapîra wê ya ku wê pir jê hez dikir bi rastî ew gelek xemgîn kiribû.
Baxçeyê pîrejinê ji gûzan tije bibû. Lê çi heye ne li xema pîrejinê jî bû. Hiş û mejiyê wê li ser çûçika wê ya zêrîn bû.
Di wê navberê de pîrejinê dengekî mîna dengê dapîrokê bû bihîst:
"Ey pîrejinê! Te cezayê wê çûçika ku çav berdabû malê te dayê. Ma tu hêj li benda çi dimînî? Rabe gûzan bibe û bifiroşe. Va ye roj dibore û te hêj pereyê nanê îro dernexistiye."
Pîrejinê xwest ku fêm bike ka ew deng ji ku derê ve hat. Wê di wê navberê de dît ku dapîrok bi lez ber bi jêr ve diçe. Ji ber ku ew ji Çûçika Zêrîn rizgar bibû di nava malê de bi rehetî digeriya.
Pîrejinê xwest ku wê dapîroka bûye sedemê bêdadî û bêmaftiyê bikuje. Wê bi pêlava di piyê xwe de li dapîrokê xist. Dapîrok bi erdî ve bû deqeke

biçûk.
Ji ber ku pîrejin ji wê neyara wan rizgar bibû pir kêfxweş bû.
Niha jî dor dora aştiya bi çûçikê re bû.
Pîrejin bi bez derket baxçeyî. Çû rex çûçikê. Çûçika belengaz serê xwe xistibû nava çengên xwe kûrekûra wê bû digiriya. Pîrejinê ew girt. Ew xist nava lepên xwe yên germ. Serê çûçikê maçî kir. Serê wê li rûyê xwe da.
"Min bibexşîne çûçika min. Tu giyana min û hevrêya min a yekane yî. Min cezayê tevnepîra ku ez jehirdayî kiribûm dayê.
Çûçika Zêrîn bi çavên xwe yên şil li dapîra xwe nihêrî, got:
"Têjikek çiqasî dikare ji dayîka xwe sil bibe!"
Pîrejinê çûçika xwe girt û da ber singê xwe. Heta ku ew gihîşt malê serê çûçika xwe mizda û maç kir. Birîna wê pêça û birîna wê hêdî hêdî kewand û baş kir.
Pîrejinê gûz şkandin û bi çûçika xwe dan xwarin. Ew bi hev re jî çûne bazarê. Wan gûz hemû li bazarê firotin. Pereyên ku ketin destê wan, heta ku bêjin têra wan kir.
Pîrejin êdî careke din ji bo lûfikfirotinê neçû ber deriye serşoyê.